我是爸妈的开心果

家庭和谐

刷刷 著

希望出版社

图书在版编目（CIP）数据

我是爸妈的开心果：家庭和谐 / 刷刷著. -- 太原：
希望出版社, 2025.3. --（女生成长小红书）.
ISBN 978-7-5379-9276-3

Ⅰ. G782-49

中国国家版本馆CIP数据核字第2024JB2385号

WO SHI BAMA DE KAIXINGUO JIATING HEXIE

我是爸妈的开心果　家庭和谐

刷　刷　著

出版人：王　琦	美术编辑：安　星
项目统筹：翟丽莎	封面绘图：赵倩倩
责任编辑：安　星	装帧设计：安　星
复　　审：翟丽莎	责任印制：李　林
终　　审：张　蕴	

出版发行：希望出版社

地　　址：山西省太原市建设南路21号

开　　本：880mm×1230mm　1/32　　印　　张：5

版　　次：2025年3月第1版　　印　　次：2025年3月第1次印刷

印　　刷：山西基因包装印刷科技股份有限公司

书　　号：ISBN 978-7-5379-9276-3　定　　价：29.00元

目录

总是发火的妈妈

1

对更年期的妈妈，千万不要吝啬你的赞美和撒娇，"女儿是妈妈的小棉袄"，这个时期，妈妈很需要来自女儿的温暖。

最近天太热了，睡前歆歆吃了好多西瓜，睡到半夜，被尿憋醒了。

歆歆摸索着去上厕所，连灯也懒得开，闭着眼睛上完厕所，然后眼睛半睁半闭地往自己卧室走。

突然，歆歆看到一个黑影在阳台上站着。

"呀！是谁？"歆歆吓得全身哆嗦，大喊了起来。

歆歆这一喊，阳台上的人也被吓坏了，连忙转过身。随即，歆歆

听到一个熟悉的声音："喊什么喊啊，会吓死人的，知道吗？"

黑影挪动了几步，打开了客厅的灯。

歆歆先用手遮了下灯光，等完全睁开眼睛，才发现面前站着的竟然是妈妈。

"妈妈？大半夜的，您不睡觉，跑到阳台上干啥呢？"歆歆说着，抬头看了下墙上的钟表，已经是深夜一点半了。

"我睡不着，索性爬起来，到这儿透透气。"妈妈疲倦地说。

"睡不着？是天太热了吗？"歆歆问。

"也许吧，最近一直失眠，总觉得全身燥热。"

"哦，您早点休息吧，我先去睡了。"歆歆也没什么好办法，只好先去睡了。

妈妈最近的状况真的有点奇怪呢，晚上睡不着，白天还特别爱唠叨。

你瞧，歆歆刚进门放下书包，妈妈就开始唠叨了。

"最近在学校表现怎么样，有没有被老师批评？"

歆歆心想，哪有这样的妈妈，盼着自己女儿被老师批评。她懒洋洋地回答道："没有。"

很显然，妈妈并不想就此打住，她接着说："你现在长大了，学习的事要自己操心，不要整天就知道玩，要多向好学生学习……"

说了半天，妈妈忽然发现歆歆全不在意，一直在看电视。

妈妈对歆歆说："我说的话你到底听到没有啊？"

"嗯，听到了！"歆歆的眼睛一直盯着电视，连头都没抬。

突然，妈妈冲到前面，一下子关掉了电视，然后怒气冲冲地吼道："一天到晚就知道看电视，跟你说的话全当耳旁风，什么态度啊你！我怎么会生出你这么个白眼狼呢……"

妈妈越骂越难听，歆歆直接傻了。

在厨房做饭的爸爸听到动静，赶紧过来劝，又让歆歆给妈妈道歉。

歆歆道过歉，妈妈才平静了一些，开始坐在沙

似懂非懂
破涕为笑
欢乐

发上一边喘气，一边叹息。

看来，这地方可是危险地带啊，要是再待下去，说不定妈妈还会发火呢。于是，歆歆对爸爸说："爸，我帮您做饭吧！"然后就跟着爸爸进了厨房。

"爸，我妈最近是不是吃呛药了，动不动就发火？"

爸爸瞪了歆歆一眼，说："住嘴，哪有这样说自己妈妈的！"

"可是，您也看到了，我刚才可没惹她呀！"歆

歆委屈地说。

"好了，我知道。"爸爸一边切菜，一边说，"歆歆，我们生你比较晚，所以一直以来都很娇惯你，现在我们年龄大了，你妈妈到了更年期，所以才有些喜怒无常。其实，最难受的可是她自己，晚上失眠，白天没精神，压力很大。这时候，我们俩一定要好好帮她，要多理解她、关心她，不要和她对着干，知道了吗？"

"嗯。"歆歆似懂非懂地点点头。

吃完饭，歆歆记着爸爸刚才说的话，主动收拾完桌子，还特意为妈妈倒了一杯水。

妈妈端起来喝了几口，刚要放下杯子，看到桌子上有水迹，就对歆歆说："瞧你擦的桌子，水都没擦干呢，赶紧再擦擦！"

歆歆马上取来抹布，重新擦了起来。

"哎呀，你怎么连抹布都没洗，就直接拿来擦了！"尽管歆歆已经够小心了，可还是没逃过妈妈的唠叨。

"没事，抹布干净着呢。"歆歆有些不耐烦了。

"你这孩子，怎么这么不听话呢，快去洗洗再擦。"妈妈命令道。

歆歆实在有些受不了了，说："妈，您这是成心折腾人吧？"

妈妈一愣，脸上立马就"晴转多云"了。

"让你洗个抹布，你都推三阻四的，真要到我老了，还能指望你干什么！"妈妈说着，眼眶竟然红了，接着，泪珠不断地滑落下来，妈妈开始呜呜地哭泣……

歆歆可从来没见过这阵势，在她眼里，妈妈一直都是一个坚强的人，她从来都没见过妈妈哭。歆歆顿时手足无措起来，不知道怎么去安慰妈妈。

最终，还是爸爸出来打圆场。

"歆歆已经表现得非常不错了，是个乖孩子，你就别担心了。在孩子面前哭什么呀，来，擦一下。"

爸爸一边递过纸巾，一边给歆歆使眼色："过来，帮妈妈按摩一下，妈妈今天上班累了。"

歆歆会意地跑到妈妈身后，在妈妈的肩膀上按摩起来。

歆歆一边按摩，一边把头靠在妈妈的后脑勺上，说："妈，您放心，我一定会好好伺候您老人家的，噢——乖啦。"

见歆歆对自己撒娇，妈妈破涕为笑，说："哼，

谁知道呢，长大后找了婆家，就不理我啦。"

"妈，您说的什么话呀，我不理您了！"歆歆假装生气地说。

"我呀，希望你一辈子都在家陪着妈妈！"妈妈说着，露出了久违的笑容，这个家又恢复了往日的幸福和欢乐！

刷刷姐姐
有话说

更年期的秘密

"更年期"这个词，很多女生都听过。当你的妈妈即将或已经步入更年期，你有没有发现她产生了一些情绪上或行为上的变化呢？

虽然多数女人能平稳地度过更年期，但也有少数人，由于更年期生理上与心理上变化较大，会被一系列不适困扰，甚至影响身心健康。

更年期，妈妈们的困扰有哪些呢？

一是潮热。这是更年期女性常有的症状，会突然感到胸部、颈部、面部发热或出汗。

二是心悸。也就是心慌，这也是更年期女性常见的症状，同时伴有胸闷、气短、眩晕等。

三是精神状态表现异常。往往会有忧虑、抑郁、易激动、失眠、记忆力减退、注意力不集中等症状，有时喜怒无常。

四是腰酸背痛。出现类似骨质疏松的早期症状。

平时就爱唠叨两句的妈妈，在更年期尤其容易与女儿产生口舌之争。那么如何避免与妈妈争吵呢？或者说如何与更年期的妈妈和谐相处呢？这确实需要一定的耐心和用心。

首先，当妈妈唠叨的时候，做女儿的可以发挥自己撒娇的特长。你可以用撒娇的语气对妈妈说："妈，我有正事要做，您先别打扰我啊！"通常妈妈听到这话都会乖乖地安静一会儿，你就可以获得片刻的清静了。

其次，如果对妈妈的唠叨表现出反感，不小心引起妈妈伤心、失落，一定要赶紧想办法安慰。比如给妈妈端茶、倒水，献献殷勤。为妈妈按摩也是很好的办法，尤其是按摩脚。按摩脚有助于缓解疲劳，促进睡眠，而且更能体现女儿对妈妈的关爱之情。

最后，女生们一定要记住：更年期的妈妈更需要关爱。这个阶段她们常常会感到孤独，她们心里常想，女儿长大了，一定会离开自己的。所以，作为女儿，要时时关心、呵护妈妈，多拿出点时间来陪伴她。

总之，充分沟通和互相理解是最重要的。作为女儿，应当多理解和体谅妈妈，妈妈辛辛苦苦养育你，有时候脾气急一点，也可以理解。你忍让一下，等她气头过去了，再委婉地向妈妈解释，与她好好沟通。

女生小攻略

如何帮妈妈度过更年期

　　更年期的妈妈面临很多身心问题，作为女儿，应该如何帮助妈妈度过更年期呢？

1. 支持

　　更年期的妈妈出现的最明显特征就是焦虑，她们往往对自己解决问题、适应环境的能力持怀疑态度，夸大自己的失败。所以，自信是度过更年期的最重要法宝。

　　妈妈焦虑、紧张，其实是盼望得到家人的支持，这时的她们有着很强的依赖性。帮妈妈建立自信，是帮她战胜更年期焦虑的好办法。"妈，您说得对！""老妈真棒！"对妈妈要多说这样的话。在日常生活中，一定要多支持妈妈，不要让她产生挫败感。

2. 顺从

更年期的妈妈最担心的就是女儿长大了会不理自己，所以，你要表现出依赖她的样子，尽量做到顺从，多听从妈妈的建议，多完成妈妈的要求。即使妈妈的决定是错误的，也不要当场反对，可以等她心情好一些的时候再作讨论。

3. 赞美

对更年期的妈妈，千万不要吝啬你的赞美和撒娇。"女儿是妈妈的小棉袄"，这个时期，妈妈很需要

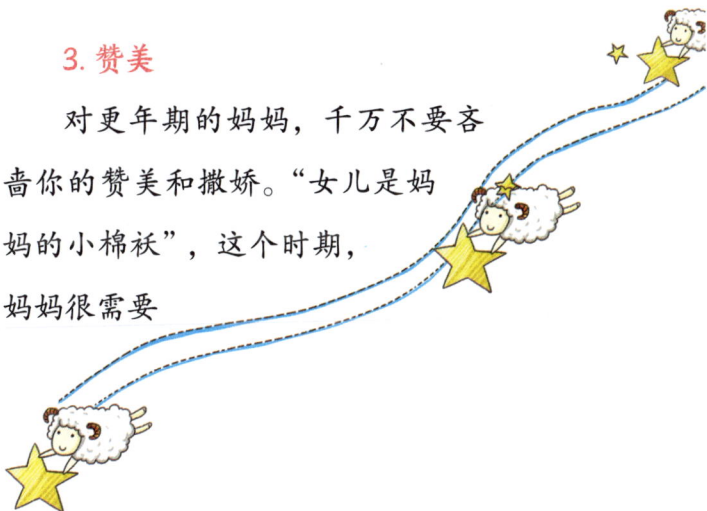

来自女儿的温暖。

4. 转移注意力

和妈妈一起制订一个有意义的活动计划，并全力以赴地去执行。当沉浸在活动中时，妈妈一般会放下令自己烦恼的事情。

5. "利用"爸爸

如果矛盾发生在你和更年期的妈妈之间，你应该记得拉爸爸"垫背"，因为他可以起到"缓冲垫"的作用。让爸爸充当一下"和事佬"，成为你和"不讲理"的妈妈沟通的桥梁。

2

日记保卫战

我们都希望有冷静理智、民主平等的父母，能友好地和我们对话，用心跟我们沟通，成为我们心灵上的朋友，那样我们自然会把秘密告诉父母。

虽然已经进入网络时代，很多人都喜欢把自己的小心思写到一些社交媒体上，但是，也有人对那些虚拟的空间不放心，万一密码被盗了，写下的东西可就全不见啦，所以，他们还是喜欢手写日记。

珠珠就是坚持手写日记"大军"中的一员。她觉得，把自己的小秘密写进心爱的、漂亮的小本子里，是一种莫大的幸福。

不过，珠珠也有烦恼：要藏好那些日记本，总是件很麻烦的事。到底藏哪儿才不会被爸爸妈妈看到呢？如果可以，她真想把它们藏到火星上去呢。

这可不是夸张，前段时间，珠珠就遭遇过一次危机。

那天中午回家，珠珠一进门，就发现家里乱成了一团，客厅中间码着一大摞纸箱子，各种纸袋满地都是。

"妈，这是要干吗呀？"珠珠惊奇地问。

"宝贝，你忘啦，我们要搬新家啦，妈妈先把东西打包，一会儿车子就到了。"妈妈激动地说。

"搬家呀，太好了，终于可以住新房了。"珠珠高兴得跳起来，"可是，为什么要这会儿搬啊？"

妈妈一皱眉头，说："本来说好上午来车的，结果搬家公司说车堵在路上了，这不，一直拖到了这个点。"

珠珠放下书包，也帮着妈妈整理起来。

突然，珠珠发现自己书桌的抽屉敞开

着，头上不由得直冒冷汗，要知道，那里面装着她从上小学以来的六本日记本呢！

"妈，我的抽屉怎么打开了，里面的东西呢？"珠珠紧张地问。

"在那儿呢，"妈妈指了指书桌旁边的一个纸箱说，"你的东西全在里面呢，我收拾的时候发现你的抽屉锁上了，到处都找不到钥匙，只好找东西撬开啦。"

"原来是您撬开的呀，那，您有没有看过那些本子啊？"珠珠问道。

"我哪里有时间看啊，赶紧收拾东西吧。"

虽然妈妈这么说，但是，珠珠的心里总是感到不安，那些日记，妈妈可是"垂涎已久"了，她会不看吗？正是因为担心妈妈看，珠珠才随身带着钥匙。还有，妈妈为什么不等她回来打开抽屉再收拾呢？为什么非要撬开一把好好的锁呢？

总之，妈妈不看日记的可能性太小了！

还好，抽屉里放的都是自己的旧日记本，上面也没什么担心被妈妈看到的东西，最新的一本这几天正好在书包里装着呢！

那次搬家的经历，给珠珠提了个醒，让她对日记本的保存更加谨慎。珠珠把日记本按新旧分别放在好几个地方保存，旧的在书桌里，新一些的藏到衣柜下面，最新的当然是背在书包里最安全啦。为了防止日记被偷看，珠珠还特意买了一个带锁的笔记本盒子。

为了保存日记本，珠珠可是费了不少心思。有

絮絮叨叨
泄露
情致

一回，珠珠梦见自己像机器猫一样，有一个百宝袋，可以装下所有的日记本。看来，珠珠连做梦都在担心自己的日记本呢！

珠珠的生日过后大约一周，吃晚饭的时候，妈妈突然问道："听说你过生日的时候有男生送你礼物了？"

"嗯。"珠珠随口应了一声，但立马发现情况不对，"您怎么知道的呀？"

"哦，我听你同学说的。"妈妈很镇静地说。

同学，到底是谁说出去的呢？收到东东礼物的事，只有自己知道啊，难道是东东自己说出去的，不会吧？

珠珠正在琢磨是怎么回事呢，就听妈妈接着说道："你们班现在有没有人谈恋爱呢？"

"没有啊！"珠珠说。

"哦，那就好，你们都还太小，不懂什么叫爱，可不能把心思花在这上面！"妈妈絮絮叨叨地说。

珠珠一个劲地点着头，心里却想着秘密是如何泄露出去的。

星期六的晚上，珠珠洗完澡，想修一下指甲，

可四处找不到指甲刀。

"妈妈，您见指甲刀了吗？"

妈妈想了想说："你去我床头柜里找一下吧，我昨天晚上剪完指甲，可能顺手放到床头柜里了。"

珠珠在妈妈的床头柜里翻了半天，总算找到了指甲刀，正要关上抽屉时，突然发现里面有一把很精致的钥匙。

珠珠下意识地拿起来看，呀，怎么这么眼熟呢？

对了，这不是自己日记本盒子上的钥匙吗？珠珠赶紧拿过去，在自己的日记本盒子上试，盒子果然被打开了。

珠珠惊出一身冷汗，原来，妈妈一直在偷看自

己的日记呢，东东送生日礼物的事，妈妈定是从日记里看到的。

珠珠又急又气，对着妈妈嚷道："妈，您怎么会有我日记本盒子上的钥匙？"

妈妈看着珠珠手里拿着的钥匙，先是一愣，然后故作镇静地说："这是你日记本盒子的钥匙啊，我可不知道，我在扫地的时候发现的，随手就扔到床头柜里了。"

珠珠的眼泪都流出来了，她哭着说："偷看别人的日记，您怎么能这样？我再也不理您了！"

从那天起，珠珠对妈妈实行了"冷战"，一句话都不和妈妈讲，还在自己的卧室门口贴了张字条：非请勿入！

妈妈虽然很生气，可心里有愧，也只好先忍着。

最终，爸爸代表妈妈来"和谈"了。

爸爸先是送了珠珠一本非常精美的密码日记本，然后和珠珠谈心。

"妈妈那样做不对，我已经批评过她了，但是，你们这样耗下去也不是个办法呀！妈妈的行为虽然有问题，但是出发点是为了关心你，为你的成长考虑，你要理解啊！"

"我都想了那么多办法，最后还是被妈妈偷看了。"珠珠的气还没消呢。

"这样吧，我给你个解决的办法好吗？"爸爸说。

"什么办法啊？就算我锁得再牢，也会被她想办法弄到钥匙的。"珠珠说。

"你先听完我的办法再说嘛。"爸爸说，"我们每天规定一个时间作为家庭交流时间，在这时把一天的见闻、想法和遇到的问题都说出来。这样多多沟通交流，让妈妈能从你的口中了解你的想法，妈妈就一定不会去看你的日记了！"

你别说，爸爸的办法还真有些意思呢。

最终，珠珠同意了爸爸的建议，也保卫了自己的日记。

刷刷姐姐
有话说

保护你的日记

被父母偷看日记或信件，相信很多人都曾是"受害者"！

有个 14 岁的女生，她从小就开始记日记了。她总是把日记本偷偷藏在枕头底下。有一次放学回家，她发现放在枕头下的日记本的位置不对，后来一问，果然是被妈妈偷看过了。她气愤地大骂妈妈，之后，妈妈再也不敢偷看了。自从那次事件之后，她

总结说："父母都是很狡猾的，千万要当心。"

还有更糟糕的，某地的一个小学生冲进派出所，要状告父母偷看自己的日记。最后，在派出所民警的调解下，父母当场向她道歉，并承诺不再偷看她的日记，一家人才得以和解。

但是，对更多的女生来说，日记被偷看，等发现后，哭也哭了，闹也闹了，遇上开明的父母，或许能得到一番道歉，但若父母吼一句："生了你，养了你，看看日记有何不可！"做女儿的也就没办法了。说到底，父母可是家长，在家里还是他们说了算！

令人欣喜的是，我们的隐私权越来越受到重视。《中华人民共和国未成年人保护法》规定，除因追查犯罪的需要，由公安机关或者人民检察院依法进行检查，或者对无民事行为能力的未成年人的信件、日记、电子邮件由其父母或其他监护人代为开拆、查阅外，其他任何组织和个人不得开拆、查阅。

随着社会对青少年隐私权的关注，家长们偷看日记的行为正在减少。如果你的父母对你的日记非常"渴望"，那么，勇敢地面对吧，积极地和父母进行沟通。找一个合适的时机，坐下来好好地和父母谈一谈，告诉他们日记是你的隐私，就算是父母也不能随意翻看。

每个女生或早或晚都会经历一个成长的封闭期。在这个封闭期中，女生不希望跟他人分享自己的秘密，不希望成为没有隐私的"透明人"，不希望父母关注自己的秘密。

当然，我们也明白，父母关注我们的秘密，是为了让我们更健康、更安全地成长。不过，父母要采取更理智、更有效的方式，而不是简单地用偷看日记之类的措施来关注孩子。

那么，对女生来说，到底该如何保护自己的秘密呢？

1. 为父母敞开一扇窗

刷刷姐姐认识一个女生，她也有写日记的习惯，平时爱把自己对一些事情的看法写在里面。但是，她的日记本并没有上锁，每隔一段时间，她还会让妈妈看看。有时妈妈也会主动问她，在征得她的同意后再看日记。其实，她的日记是一个普通的本子，就放在写字台上，妈妈要看的话随时都可以看，但妈妈从来都不私自动她的日记。互相尊重是女生公开日记的原因。

日记记录着女生日常生活中的点点滴滴，让它成为女生与父母之间相互沟通的一扇窗：当她快乐时，父母与她共享喜悦；当她悲伤时，父母便会在日记本中留下几句安慰的话语。日记在写与看的过程中记录着女生的成长，而父母也将他们的爱深深地融入她的日记中。

2. 多跟父母聊聊天

父母偷看女生的日记是不好的行为，然而也是可以理解的，因为父母关心孩子，急于了解孩子。假如你的父母也经常偷看你的日记，那你就应该想一想，是不是很久没有和父母聊天了。

如果你的日记中真的有不想让任何人知道的秘密，那么，为了保护好这些秘密，你就需要多和父母聊天。经常主动跟父母讲最近的学习情况，聊学校里发生的新鲜事情，谈自己的看法，倾诉内心的苦乐，让他们了解到你足够多的信息，父母自然不会再去偷看你的日记。

3. 准备两个日记本

你可以准备两个日记本。一本是作业，要交给老师看的，也可以经常主动拿给父母看；还有一本，写一些心里话和梦想，譬如受到老师、父母批评后的一些委屈，同学间的一点小秘密等。

为了保护好日记里的秘密，女生也需要在保密的技术上动动心思，比如买一些不容易打开的日记本，并做好日记本的保存工作。

女生小攻略

可以告诉父母的小秘密

多和父母沟通，告诉他们你的一些小秘密，是避免日记被偷看的最好办法！

那么，哪些秘密可以告诉父母呢？下面就为女生们列举一下可以告诉父母的小秘密：

1. 交了新朋友；

2. 老师的趣事；

3. 面对男生时的奇怪感觉；

4. 身体上出现的变化；

5. 看到花开花败、日出日落时的一些特别感受；

6. 每天最得意和最焦虑的事；

7. 最羡慕的人和职业；

8. 读到的一本好书；

9. 受批评时自己的情绪；

10. 受了委屈后的愤怒。

3 分享你的故事

任何家庭的快乐和幸福从来都不是从天而降的，而是各方共同努力的结果。如果你想把自己的幸福放大，就应该主动迈出第一步，把你的故事和父母分享！

蕊蕊最近突然变得不爱说话了，整天闷闷不乐的，一放学就把自己关在房间里，也不下楼和伙伴们玩，更不和爸爸妈妈聊天。

爸爸指了指蕊蕊的房门，对妈妈说："这孩子最近怎么不爱说话了？小时候叽叽喳喳的，整天和小鸟一样围着人叫呢，现在可好，一句话都没有啦。"

妈妈叹口气说："女孩子长大了，心事就多了！"

"长大？有我们在，她就永远也长不大。"爸爸说。

"唉，虽然你做爸爸的永远都觉得女儿还小，但是你女儿真的是长大了！"妈妈叹道。

"是呀！不过，总这样也不

行，要找机会和她聊聊。”

"好啊，这个艰巨的任务就交给你吧。"妈妈微笑着说，"你要还我一个活泼开朗的女儿啊！"

爸爸拍拍胸脯说："保证完成任务。"

周六的早上，阳光不错，看来会是个好天气。

吃过早饭，爸爸对蕊蕊说："今天有没有空？爸爸邀请你去钓鱼。"

活泼开朗
成熟
推荐

蕊蕊有点吃惊地望着爸爸说："以前我让您带我去，您总是推三阻四的，今天怎么主动邀请我啦？"

爸爸笑着说："以前不让你去，是因为你总坐不住，钓鱼的人最怕坐不住了。现在你长大了，爸爸发现你最近很沉得住气呢！"

"放心吧，我保证不会吓跑您的鱼。"

爸爸开车带着蕊蕊来到郊外的一个鱼塘，这里好幽静啊，除了鱼塘边几位钓鱼的老人，就剩下静默的花花草草了。

爸爸选了个地方，拿出鱼竿，开始准备鱼饵。蕊蕊坐在爸爸身边，静静地注视着水面。

总之，爸爸不问话的时候，蕊蕊绝对不会开口。两个人就这样开始默默地钓鱼。

过了大约半个小时，浮标动了一下，爸爸赶紧拉起鱼竿来，果然钓到了一条，只可惜个头小了些。

　　"爸爸，您瞧，这条小鱼多可爱啊！"捧起活蹦乱跳的小鱼，蕊蕊总算主动开口了，"爸爸，我们干脆放了它吧，它还这么小，好可怜！"蕊蕊有些不忍心。

　　"好啊，你把它放回去吧。"

爸爸话音刚落，蕊蕊手一抬，小鱼就顺着蕊蕊的手指滑进了鱼塘。

一直注视着浮标的爸爸听到声音，笑着说："你倒放得很快啊。"

"爸爸，您说鱼有感情吗？"蕊蕊好奇地问道。

"当然有啦，任何动物都有感情的。"爸爸说，"只是不同的动物表达感情的方式不一样而已。我们人是群居动物，以家庭为单位，家庭中的成员，就要相互关心，把自己最快乐和最烦心的事告诉家人，让家人与自己一起分享快乐，帮自己分担忧愁。"

"哦。"蕊蕊若有所思地说，"可是，不是说人长大后就要学会独立生活吗？为什么还要什么事都告诉家人呢？那不是和没长大没什么区别吗？"

原来，蕊蕊一直不和家人聊天，是这个原因啊。

找到了问题所在，爸爸的心情一下子开朗多了。

爸爸说："那你可就理解错了，长大以后，人变成熟了，就会更加懂得和家人分享的重要性，那种为家人高兴和担忧的感情，就是亲情。"

听完爸爸的话，蕊蕊似乎一下子轻松了许多，她说："我还以为成熟就是自己担当所有的事呢。

哈哈，其实很多事，我都想跟您和妈妈说，但是，忍一忍，还是没有说。"

"我们还以为宝贝女儿生病了呢！"爸爸开玩笑地说，"以后欢迎把学校里的事和我们分享啊！"

"好的，没问题。"蕊蕊干脆利落地回答。

自从钓鱼回来以后，蕊蕊果然开朗了不少，先前那个活泼开朗的小女生又回来了。

你瞧，今天刚进门，蕊蕊就迫不及待地把开心事和爸爸妈妈说了。

"爸，妈，今天我的作文受表扬了，老师还说要推荐给报社发表呢！"

爸爸从书房里探出头问："是什么作文啊，老师这么喜欢？"

蕊蕊说："我只说标题啊，内容保密！"

"赶紧说啊，别卖关子了。"妈妈已经等不及啦。

"标题是《长大的小鱼》，呵呵，有意思吧？"

蕊蕊得意地说。

爸爸点点头，说："嗯，不错，是个好题目，我看一定能发表呢！"

父女俩一唱一和的，把旁边的妈妈弄晕了："什么莫名其妙的标题呀？到底说的什么呀？"

蕊蕊朝爸爸挤挤眼，说："这个嘛，说过了，

保密。"

　　接着，蕊蕊和爸爸一齐开心地笑了起来。

刷刷姐姐
有话说

和父母一起放大幸福

第一时间把你的快乐告诉父母，你就会得到放大的幸福。

很多青春期的女生，总是躲着父母，怕父母干涉自己的生活，怕因为"代沟"引起冲突，而不愿意和父母沟通，悄悄地把自己的快乐和悲伤都装在心里，时间长了，就会和父母产生隔阂。

作为父母，他们可能认为你还是一个不懂事的孩子，缺乏人生经验；作为过来人，他们会把自己的生活经验强加给你，你的事都要管。相反，你却觉得自己已经长大了，应该有更大的自由空间，不必事事听父母的。

其实，你和父母的想法都有一定的道理。如果你从不考虑父母的想法是否有道理，而只是强调自己是正确的，你与父母之间的关系就会越来越僵。

要知道，父母也会有烦恼，正如你在学校会遇到不愉快的事情一样，父母也会遇到不顺心的事，也会因为疲劳过度而心情烦躁。要求父母永远说有道理的话，永远做有道理的事，是不现实的。有了这样的基本认识，你对父母就会多几分体谅、理解和尊重。

追求独立是个人走向成熟的表现。可是，父母很可能一下子还不能适应你追求独立的愿望和行动，他们一直习惯做你的保护伞，愿意事事替你包办。要让父母不反对你的独立，你就需要拿出自己已经成熟的证明。

你需要用自己的行动向父母证明自己的成熟。如果你平时做事总是马马虎虎、丢三落四、虎头蛇尾；如果你整天不和人说话，缺乏和人沟通的能

力；如果你不懂得分享，只知道以自我为中心……父母有什么理由相信你有独立自主的能力呢?

多给父母一些信任你的理由，你需要从分享你的事做起。

当然，在追求自我独立的同时，我们不应忽视父母的意见和指导。尽管我们感到自己长大了、成熟了，已经有足够的能力自己做决定了，但是，还有许多事情是我们这个年龄无法解决的，我们需要父母的意见和指导，这对我们的成长帮助很大。

女生小攻略

怎样让父母更理解你

要让父母更理解你，女生需要掌握下面的妙招。

1. 主动交流

每天找一点时间，比如饭前或饭后，主动和爸爸妈妈谈谈自己的学校、老师和朋友，高兴的事或不高兴的事，与家人一起分享你的喜怒哀乐。

2. 创造机会

每周至少跟爸妈一起做一件事，比如做饭、劳动、

打球、逛街、看电视等，边做事情边交流。

3. 认真倾听

当被父母批评或责骂时，你不要着急反驳，先试着平心静气地听完父母的"咆哮"，说不定你会理解父母的良苦用心。

4. 主动道歉

如果你做得不对，不要逃避，不要沉默，通常主动道歉会得到父母的谅解。

5. 善于体谅

可能错不在你，你有很大的委屈，但是先不去争辩，换个时间和地点，再与父母沟通，会有意想不到的效果。

6. 控制情绪

与父母沟通不顺时，不要随意发脾气、顶嘴，避免不小心说出或做出伤害父母的话或事。想发怒时，可以做深呼吸、离开一会儿，或用凉水洗把脸。

7. 承担责任

在做好自己事情的同时，主动分担家里的一些家务活，比如洗碗、倒垃圾、擦窗子等，同时还可以跟父母聊聊天。

8. 讨论问题，达成协议

学会遇事多与父母讨论，并就如何行动达成协议。例如，父母会担心你沉迷于看电视而荒废学业，如果能就看电视的时间做出讨论并达成协议，问题便能解决了。

爱做家务的女生

和父母一起做家务，让做家务变成一件美好的事情，幸福就会洋溢在家中的每个角落。

吃完饭，爸爸去洗碗了，妈妈抱起一堆脏衣服，准备去洗，并对眼睛紧紧盯着电视的双双说："宝贝，别看电视啦，先把桌子擦了，然后再把地拖一下哦！"

双双很不乐意地说："哎呀，怎么又给我布置任务呢？"

妈妈说："你是这个家最重要的成员呀，自然会有你的一份家务活儿喽！"

双双极不情愿地拿起抹布，胡乱擦了下桌子，又像给猫画胡子一样，快速地拖了地，然后回到电视机跟前。

第二天是星期六，赖在被窝里的双双早早地被妈妈喊了起来。

"一会儿家里要来客人，赶紧起床吧，把房间收拾好啊！"

　　双双才没有心思管来什么客人呢，她把被子随意叠了几下，就去洗漱了。

　　刚刚洗完脸，就听到门铃在响。

　　妈妈去开门，来的竟然是张老师。

　　虽然妈妈和张老师是朋友，但是，张老师毕竟是自己学校的老师，见面之后，双双还是有点

紧张。

双双走过来向张老师问好，张老师笑着说："多听话的孩子，你们班主任经常在我跟前夸你懂事呢！"

妈妈也笑着说："双双在家里表现也不错呢，你瞧，擦桌子、拖地的活儿，都是双双干的！"

张老师马上露出羡慕的表情，说："是吗？我们家儿子，连他自己的被子都懒得叠呢。"

听妈妈当着张老师的面夸自己，双双感觉可有面子了，美滋滋地为张老师拿水果去了。

张老师走后，妈妈对双双说："刚才张老师在，我没好意思批评你，瞧瞧你房间的被子，乱糟糟的。"

双双吐了吐舌头，立马去整理自己的房间了。

自从妈妈在张老师面前表扬过双双以后，双双做家务的热情高多了，每天晚上吃完饭，她都会主动擦桌子、拖地。

看双双干得这么起劲，爸爸妈妈都特别高兴，家里的气氛也格外好。

可是，有一天，正在拖地的双双忽然想起什么来，她站直腰对妈妈说："我们班好多同学在家干

活儿都是有奖励的，比如，洗碗一次五元，擦桌子一次一元，拖地一次三元。你们能不能也给我点奖励啊？”

妈妈笑着说：“好啊，这个主意好，照这样算，做饭一次应该至少有十元，洗一次衣服也应该有八元吧。这些钱你给我好不好？”

“妈，您怎么能这么说呢，我又没挣钱。”双双噘着嘴说。

“你也是家里的一分子啊，做家务应该是你的责任，怎么能要钱呢？”妈妈说。

“哼，您是律师，我说不过您，”双双把拖把一扔，“反正不给钱，我以后就不干了！”

双双怒气冲冲地回了自己房间，妈妈也没有再说什么，自己捡起拖把拖完了地。

两个星期后的某一天，对做饭没有一点兴趣的双双冲进厨房，对妈妈说："妈，我来帮您做饭吧。"

妈妈吃了一惊，说："是不是想要钱啊？你要帮可以，我可告诉你，帮忙做饭是没有钱的。"

"妈，"双双说，"您以为自己女儿掉钱眼里了呀，我才不是那样的人呢！"

"哦，那你有什么企图？"妈妈说。

"老师说，下个月班里要举行厨房技能大赛，每个学生都要表演一项厨房技能，择菜、刷碗、切菜……什么都行。"双双说道。

"啊哈，我就说嘛，今天太阳从西边出来了！"

妈妈笑着说。

"妈，您说我做什么好呢？"双双完全不理妈妈的调侃。

"来，你先学削土豆吧，看，像妈妈这样，削皮刀要拿稳，调好角度，这样削下来的皮才薄呢。"

"没问题，我会了！"双双接过妈妈手里的削皮刀，削了起来。

"呀，这样不行，"才削了几下，妈妈就喊起来，"照你这样削，一个土豆能被你削去一半！"

双双仔细看，自己削下来的皮果然比妈妈削的厚好多。

"没想到，削个土豆也这么难！"双双说。

"那当然了，你可别小瞧了做家务，做好家务也是一门技能呢！学好了，能给自己带来很多好处，要不你们班为什么要办厨房技能大赛呢？"妈妈语重心长地说。

"嗯，我一定好好学！"双双点点头说。

自从开始学习厨房技能，每天晚上放学，双双都会钻进厨房，一边帮妈妈干活，一边和妈妈聊天。

渐渐地，和妈妈在厨房聊天成了双双的必修课，自己的很多小秘密，都会在这个时候告诉妈妈。

不知不觉一个月过去了，双双在班级厨房技能

大赛中，凭借削土豆的技术，取得了不错的成绩。

虽然比赛结束了，但是，双双已经习惯放学后进厨房帮忙了。小小的厨房里，总有说不完的故事。

除了帮妈妈做饭，双双还跟妈妈学会了洗衣服、熨衣服、叠衣服。

擦桌子和拖地，她现在做起来会特别仔细。每次做完，看着整洁的桌面和一尘不染的地板，双双都会有种特别的成就感。

双双喜欢上做家务了。做家务不但能锻炼身体，更重要的是，还能感受到和爸爸妈妈一起劳动的甜蜜，那种感觉真是棒极了，能让人充满活力。

刷刷姐姐
有话说

做家务是我们生活的一部分

你一定幻想过，如果自己不用做家务那该多好呀。生活中，很多女生都会"谈家务色变"呢。

做家务是我们生活的一部分，而且，做家务对女生来说是有很多好处的。

1. 锻炼身体

做不同的家务可以锻炼身体的不同部位，叠衣服可锻炼到小肌肉，擦地板则可锻炼到大肌肉。

2. 培养责任感

做家务看起来似乎只是简单地重复一些动作，但如果能从小就学会做家务，为家中尽一份力，就可以很好地培养女生的责任感。做家务本就是家中成员的共同责任，整理自己的东西更是责无旁贷。

3. 增加自信心

在做家务的过程中，女生还能获得自信和成就感，虽然有些时候不能做得很完美，但在这个过程中，女生会发现自己有能力完成很多事，并从中获得自信。

4. 培养解决问题的能力

刚开始学习做家务，肯定有做不好的时候，千万不要着急，一定要耐心细致，多观察，并思考"怎么做才能做

得好"，进而提高解决问题的能力。

5. 学会分类与收纳

完成一些家务活需要你学会分类和收纳，例如袜子、手套要一双一双地放在一起，衣服要分类放进不同的柜子里。

做家务有这么多好处，那就从现在开始，锻炼动手能力，和爸爸妈妈一起做家务吧！

女生可以做些什么样的家务呢？像刷碗、扫地、擦桌子之类的，都可以做。从第一天开始做，就要有一种责任感，要努力把它做好，并坚持下来。

即使今天有考试，也要坚持做完自己的那一份家务活儿。因为家务活儿和你的学习成绩是同等重要的——要想学习好，仅仅扑在书本上是不行的，必须把全身都调动起来。做家务可以培养耐心、毅力、责任心等，在这个基础上再抓学习，学习成绩会更好。

另外，做家务的时间，也是你和父母沟通的大好时机。与父母一起做家务，不仅可以得到参与感及成就感，在合力完成家务的过程中，还可以增进与父母的感情，体会、了解父母的辛劳。利用这段时间，还可以向父母诉说一些快乐或不如意的事情，也能增进他们对你的了解。比如，陪着妈妈去买菜的时候，你一边提东西，一边告诉妈妈你的生活小秘密，是件很有趣的事；和爸爸一起做饭时，爸爸会为了炫耀自己的厨艺而更加卖力，这样不但饭菜会更可口，你和爸爸也会变得更亲密！

和父母一起做家务，让家务变成一件美好的事情，幸福就会洋溢在家中的每个角落。

女生小攻略

女生的家务清单

女生可以承担哪些家务呢？下面，就为大家列出一份家务清单：

个人杂务

1. 保持个人物品整洁；

2. 维护个人物品摆放秩序；

3. 换洗床单；

4. 保持自己房间清洁，并定期彻底打扫；

家庭杂务

1. 倒垃圾，给垃圾桶换垃圾袋；

2. 擦灰尘、拖地；

3. 打扫卫生间、浴室，清洗马桶、洗脸池等；

4. 负责部分厨房卫生，比如洗碗等；

5. 浇花、喂鱼、清洗鱼缸等；

6. 协助爸爸妈妈做饭。

5 和"讨厌"的表哥过假期

如果你的父母把"别人家的孩子"摆到你面前，不要愤怒，也不要哀叹。

相信自己，只要努力了，你就是最棒的孩子！

暑假刚刚开始，小钰就得到一个好消息和一个坏消息。

好消息是比她大两个月的表哥要来自己家，坏消息是表哥要住整整一个假期。

"为什么住这么长时间啊？"小钰问妈妈。

"你大姨家重新装修房子，家里人都要在外面借住，所以就把你表哥送到咱们家来，一来和你一起玩玩，二来总比住在外面舒服一些。"妈妈解释说。

"哦，原来是这样啊！"

两天以后，表哥就到了，小钰和妈妈一起去火车站接他。

表哥戴了一副眼镜，本来就不爱说话的他显得更斯文啦。

"哎哟，哥，啥时候变成'小博士'了，整了个眼镜，还是黑框的，你这眼镜多少度啊？"虽然表哥比自己大，但小钰从小就喜欢"欺负"哥哥。

"没多少，两个加起来500度吧。"表哥腼腆地说。

"哈哈哈，"小钰一听就大笑起来，"那不就是两个250吗？和你很般配呢！"

"小钰，怎么和哥哥说话呢？"要不是妈妈及时制止，小钰肯定会把哥哥给"欺负"哭了。

刚进家门，妈妈就忙着去做饭。

表哥站在厨房门口说："小姨，我来帮您吧！"

妈妈笑着说："不用啦，我自己来就好，你坐车也累了，好好休息一下！"

然后，妈妈摸着表哥的小脑袋说："你这孩子

真懂事，哪像我们家小钰，从来就没帮我做过饭。"

小钰直瞄着妈妈和表哥，心想：一进门就在我妈面前表现，叫我以后怎么过呀？

第二天，妈妈交给小钰两张游乐场的门票，说："这是游乐场的通票，你带表哥去玩吧，本来该是我带你去的，最近比较忙，抽不出时间，刚好你表哥在，你们一起去吧！"

"谢谢妈妈！"

看到游乐场的门票，小钰激动得差点跳起来，她可是一直盼望着去游乐场呢，可每次妈妈都说没时间，哈哈，看来这个表哥还是挺有用的。

到了游乐场，看见游乐设施，小钰就兴奋地冲了上去。

"哥，快过来呀，这个最有意思啦，我们玩这个吧！"小钰对表哥喊道。

"你玩吧，我不想玩！"表哥说。

"胆小鬼！"小钰心里说，"不想玩，我看分明是不敢玩吧。"

这一天，小钰在游乐场玩疯啦，表哥怎么劝她都不理，直到下午五点多才回家。

一进门，小钰就四处找吃的，抓起一块面包就往嘴里塞。

"小钰！"妈妈怒气冲冲地走过来，一把夺下小钰手里的面包，说，"手都没洗就吃，说了多少次

了，就是不听——呀，你瞧，衣服才穿了一天怎么就脏成这样！这是啥？冰激凌吧，怎么又沾到衣服上了呀？"

"妈，不就不小心沾了点到衣服上嘛，您至于发这么大火吗？"小钰撒娇说。

"哼，你呀，跟个小猪一样，你瞧瞧你表哥，和你一起去的，人家的衣服怎么干干净净的？"妈妈看了一眼正在洗手的表哥，对小钰训斥道。

"表哥，表哥，您成天就知道说表哥好，难道我不是您亲生的呀！"

本来小钰没想发火的，可是，一听到妈妈又夸表哥，就忍不住小火苗乱蹿。

"小姨，您就别怪小钰了，我是哥哥，是我没看好她，我也有责任。"

表哥又说了几句好话，妈妈的气才消了。

过了几天，妈妈对小钰和表哥说："你们成天待在家里也不好，我给你们俩报个跆拳道班吧，以前小钰一直想学，我没时间陪她去，现在你们俩一起去，正好能互相照应呢！"

"好啊，好啊！"小钰激动得直点头。

看小钰这么急切地想去，表哥也没说什么就答应了。

学习跆拳道的时候，表哥成了小钰最忠实的陪练。

有一次，表哥给小钰当陪练，结果，小钰一脚上去，踢到了表哥的头，可怜那副新配的黑框眼镜，直接被踢飞啦。

小钰捡起来一看，镜片已经碎了。

"哎呀，这眼镜也太不经摔了！哥，求求你了，回家千万别和我妈说是我踢碎的，要是让她知道了，

腼腆 陪练 责任

肯定就不让我继续学啦！"小钰赶紧哀求表哥。

表哥点点头，说："放心好了，我就说自己不小心摔倒弄碎的。"

"哥，你真好！"

这一次，小钰是真心感谢表哥。

表哥真的没有把事情的真相告诉妈妈。妈妈为表哥配了一副新眼镜，这次配的是金属边的，表哥戴上以后，精神了好多呢！

"瞧，这才像个年轻小伙子嘛，整天戴副黑乎乎的眼镜，一点都不精神。"妈妈说道。

时间过得很快，暑假转眼就要结束了。

"讨厌"的表哥要回自己家了，按理说小钰应该感到高兴，再也没有人拿表哥说事了，她也不会成天听到"瞧你表哥如何如何"的话了。

可是，小钰却高兴不起来。

细想一下，自从表哥踏进家门，自己就一直"欺负"他，拿他当出气筒，可是，表哥从来没有埋怨过自己，还处处维护、帮助自己。

小钰突然觉得心里酸酸的。

和妈妈一起把表哥送上火车后，在回来的路上，小钰一句话也没有说。

回到自己的卧室，小钰躺在床上，回忆整个暑假的时光，突然觉得有什么东西硬硬的，硌着头。

小钰爬起来一看，枕头边放着那副被自己踢坏的黑框眼镜，镜片已经被表哥取下了，只剩下一个黑色的框。

眼镜框下面还有封信。小钰把眼镜框戴上，打开了信。

表哥在信里说，这个假期过得很快乐，镜框留给小

钰做纪念。小姨整天都在夸自己，那是因为自己太自卑了，想尽量表现得好一些，自己很多地方都不如小钰呢，比如，那天之所以没有在游乐场玩，是因为恐高……

看完信，小钰不禁笑了起来，原来，表哥是故作深沉呀，"讨厌"的表哥一点也不讨厌！

刷刷姐姐
有话说

最大的敌人是"别人家的孩子"

很多女生从小就有个敌人——"别人家的孩子"。传说中，这个"别人家的孩子"从来不玩手机，不上网，天天就只知道学习，长得好看，又听话，多才多艺，成绩优秀。

家长大都有这个习惯，什么事都爱拿别人的孩子跟自己的孩子做比较，比个子高矮、做事快慢、才艺水平、成绩好坏……

当你的表现与父母的期望有了差距时，他们或许会情绪失控地批评你："××跟你一起上学，你看人家学习那么认真，你怎么一点心思都不放在学习上？""××天生就聪明，你要是有她的一半好，我就谢天谢地了！""我同事的孩子和你同岁，钢琴都过八级了，你没人家聪明，每天还就知道玩……"

这些"恨铁不成钢"的话，早已在女生心中长成了刺，女生的自信心和自尊心也受到了严重的打击和伤害，有的女生变得自闭、孤僻，有的产生了攀比、嫉妒的心理。

有位思想大师说：玫瑰就是玫瑰，莲花就是莲花，只去看，不要比较。

女生需要的是正能量的鼓励，与父母一起面对成长中的困难和挫折。即使得到的是责骂，也不要气馁。举个例子，如果你折纸折得非常慢，别的同学十分钟就折好了，

你却花了半个小时都没有折好，当父母开始指责你的时候，你可以告诉他们，你折得比别的同学更精致、更好看！不要因为家长的"对比"式教育，就自己把自己打入谷底，产生不良的情绪。

相信自己，只要努力了，你就是最棒的孩子！

女生小攻略

当父母提起"别人家的孩子"时

如果你的父母把"别人家的孩子"摆到你面前，不要愤怒，也不要哀叹，这里教给你一些应对的小妙招：

1. 读懂父母的潜台词

父母说"别人家的孩子"好，其潜台词就是"我希望你更好"——我希望你的表现更好，所以告诉你，身边有个

品行模范；我希望你的成绩更好，所以告诉你，别人家的孩子成绩有多么亮眼；我希望你能够跌倒了再爬起来，所以告诉你，我认识一个非常勇敢的孩子……明白了父母的潜台词，你就更能理解他们的心情，不是他们在拿你和别人家的孩子做比较，而是对你有更多的期望。

2. 自己和自己做比较

你可以自己和自己做比较，当看到自己比昨天进步了，你会因此欢欣雀跃！当你知道自己通过努力是可以进步的，你的自信就会一点一滴地增强。

3. 不要有逆反心理

当父母拿你和别人比较时，你可能会很反感，加上自尊心受挫，你很容易产生逆反心理，说出顶撞的话："他那么好，你们要他好了，要我做什么？"不要误解父母的话，你只需明白父母是在替你着急就可以啦！

6 伤不起的吵架

回想一下你和妈妈争吵的过程，是不是总有某个细节引发你们之间的争吵呢？是你的言语偏激，还是妈妈的态度蛮横？其实这些争吵完全是可以避免的，找出症结，下次注意。

星期天的早上，若兰本来打算多睡一会儿的，可到了七点钟，还是准时醒了。

上完厕所，若兰重新回到床上，却怎么也睡不着了。再看看外面，太阳已经露头了，真是个好天气呀！

若兰洗漱完之后，觉得肚子有些饿了，去厨房一看，锅里竟然什么都没有。平时这个时候，妈妈早就做好早餐啦，今天是怎么了，难道妈妈也想睡懒觉吗？

若兰来到妈妈的卧室，推门一看，妈妈果然还在床上蒙头大睡呢！

哼，天天说我是

小懒虫，原来您也有偷懒的时候啊。

肚子实在饿得难受，若兰找了半天，发现有半碗昨天的剩饭，就胡乱扒拉着吃了几口。

吃了些东西，若兰看看窗外，想：难得有这样的好天气，自己又起个大早，不如出去跑跑步吧。

若兰只穿了件短袖 T 恤，换上球鞋就下楼了。

阳光洒在身上，若兰感到非常惬意，她一路小跑着朝公园去了。毕竟是秋天了，公园里锻炼的大爷大妈都穿上了外套，若兰看看身上的短袖 T 恤，心里还很得意呢。

若兰绕着公园跑了一圈，突然，一阵冷风吹来，若兰不由得打了个哆嗦，抬头看看天，不知什么时

候已经卷起一团团乌云了。这天真是说变就变，刚才还出太阳呢，这会儿就要下雨了。

要不要赶紧回家去呢？算了吧，好不容易出来一次，再跑一跑吧。

可是，若兰没有料到雨会来得这么突然，她淋着雨跑回了家。

一进门，若兰就看到妈妈已经起床了，正在洗脸呢！

"嘿嘿，整天说我懒，您也有比我懒的时候呀！"若兰望着妈妈说道。

"作业写完了吗？一大早就往外跑，就知道在外面疯玩，哪里像个女孩子……呀，下雨天你怎么只穿件短袖就往外跑，瞧瞧，衣服都湿了，赶紧把湿衣服换了，要是感冒了，又要麻烦人……"妈妈又开始唠叨啦。

"我出门的时候还有太阳呢，就是出去透透气，没想到会下雨啊！"若兰委屈地说。

"透气？难道你觉得在这个家里透不过气来吗？是妈妈把你逼得太紧了？瞧瞧你期中考试的成绩，你什么时候能主动学习，给自己争口气，让我也透透气啊？"妈妈的火气直往外冒。

"成绩，成绩，整天就知道成绩！别的事您管过我吗？一早上到现在连口吃的都没有！"刚才吃下去冷饭，现在胃开始难受了，若兰也是一肚子的气。

"你还有理了，教训起我来啦。"妈妈说着就冲到若兰跟前，"我就不信今天管不了你了！"

若兰被妈妈一吓，号啕大哭起来，冲进自己屋子里去了。

过了好一会儿，若兰哭累了，竟然在床上睡着了，连身上的湿衣服也没换，头发也没擦干。

等醒来的时候，她感觉头疼得厉害，嗓子也很

干，接着就咳嗽起来。

妈妈听到动静，当当当地敲起门来。

若兰装作没听见，把头蒙起来，不理妈妈。

妈妈在外面说："若兰，把门打开，我给你找了几片药，你先吃了，一定是你刚才出去淋了雨，感冒了。"

妈妈这么一说，若兰才想起身上半干的短袖T恤来，看来是生病了。

"哼，反正你们也不喜欢我。"若兰赌气不开门。

过了一会儿，门外没动静了。若兰觉得头更疼了，没几分钟，竟然又睡着了。

迷迷糊糊中，若兰好像听到砸门的声音，她很想看看怎么回事，可就是爬不起

来，连睁开眼睛的力气都没有。

等再醒来的时候，若兰发现自己竟然躺在医院的病床上。爸爸妈妈都坐在床边。看若兰醒了，爸爸说："可算醒了，刚才都吓死我们了，感冒发烧了还把自己锁在屋子里，幸好你妈妈打电话叫我赶回去撬开门，才赶紧送你到医院来。"

原来自己发烧这么严重啊，听爸爸一说，若兰才觉得后怕。

妈妈眼睛里噙着泪，拉着若兰的手，说："是

急性子
哆嗦
迷迷糊糊

妈妈错了，妈妈不该骂你的。我早上也有些头疼，就起得迟了些，看你衣服湿了也不换，心里着急，才那样说你的，以后妈妈再也不那样骂你了。"

若兰一听，原来妈妈没做早饭是因为头疼啊，自己不分青红皂白就冤枉妈妈，实在太不应该了！

"妈妈，是我不好，我错怪您了！"若兰说道。

"哈哈，这就对了嘛。"爸爸说道，"你们两个呀，都是急性子，事情也不搞清楚就乱发脾气，这

下可好，搞到医院你们才肯罢休啊！"

若兰红着脸说："爸，您就别提啦！"

爸爸笑了笑，说："你也真是的，一大清早，不多穿件衣服就往外跑，那么着急去干什么呀？"

"我是觉得早上空气好，就出去跑步了，谁知道外面那么冷，还会下雨！"若兰解释说。

"原来你是去跑步啊。"妈妈说，"为什么不早告诉我呢？"

"那时候正生气呢，是故意不告诉您的，我以后再也不干这样的傻事了。"若兰说道。

"对对对，"爸爸在一旁插话说，"以后你们俩要是想吵架，记得先把火气压一压，多问问是怎么回事，问清楚了再吵也不迟啊！"

若兰笑着说："我们俩都是急性子嘛，讲究的就是速度！"

爸爸说："那也不能不管三七二十一就吵架，

你们以后可千万不能这样了。"

"我以后就学爸爸，妈妈生气的时候保持沉默！"若兰看着爸爸说，"您说好吧？"

全家人你看看我，我看看你，笑成了一团。

刷刷姐姐
有话说

别拒绝父母对你的"修剪"

青春期的女生大都有逆反心理，和家人吵架是常有的事。

一棵小树在成长的过程中，肯定有枝杈需要修剪，而父母就是修剪枝杈的园丁。你能保证所做的、所想的都是正确的吗？所以不要一味地拒绝"修剪"，

女生会认为自己懂事了，有了自己的想法和主见，当父母的意见和你的相违背时，你就会产生抵触心理，甚至与父母大吵一架。假如和妈妈吵架了，你应该怎么办呢？

在妈妈面前处处碰壁的你已经快要崩溃了，每次吵架都是以你的失败告终，你再也不想和妈妈接触了，于是你

躲得远远的。你认为这样妈妈就再也抓不到你的把柄了。其实，你这样做等于筑起了一道厚厚的墙，将自己与妈妈隔离开，你们将不能了解对方的真实想法，而且你的冷漠和疏远会让妈妈很伤心。

沟通是解决问题的最好办法。和妈妈激烈争吵后，很多女生都会后悔，觉得自己不应该这样顶撞妈妈。等冷静下来后，女生就要寻找解决的方法，比如找时间和妈妈谈心，或者给妈妈写一封长长的"自白书"，让妈妈了解你的真实想法，这样你们才能很快地了解彼此，解开心结。

回想一下你和妈妈争吵的过程，是不是总有某个细节

引发你们之间的争吵呢？是你的言语偏激，还是妈妈的态度蛮横？其实这些争吵完全是可以避免的，找出症结，下次注意。

最后，刷刷姐姐要告诉你的是，你已经不是小孩子了，要懂得体谅家人，只有你先尊重父母的想法，你的行为才能受到父母的尊重啊！

女生小攻略

避免和父母争吵的小妙招

如何避免与父母发生争吵呢？下面的妙招可以帮助你。

1. 切忌语言伤害

不要说一些对父母不尊重、不礼貌的话，也不要用教训人的口气去和他们说话，去批评他们、伤害他们。家庭的和睦要靠全家人的共同努力。

2. 不要盯着父母的缺点不放

如果总是盯住父母的缺点，与父母对抗，吵架自然不可避免。不单单是你有自尊心，父母也有，他们和你一样希望得到他人的尊重，特别是自己孩子的尊重。

3. 换位思考

换位思考，将心比心，学会宽容和理解，争取赢得父母对你的信赖。

4. 心存感激

感恩，不一定就是把自己所受到的恩情全部予以回报，而是要时时刻刻心存感激，知道父母为你付出很多，你唯有积极进取、健康向上、笑对生活，用自己取得的成就回报他们。

5. 给父母一个拥抱

现代社会的快节奏使父母忙于工作，疲于家务，他们很辛苦。在父母气急败坏的时候，你可以冲上去给他们一个拥抱，一切矛盾与冲突也许在瞬间就能化解。

7

爷爷和外婆的战争

作为爷爷奶奶、外公外婆的"小宝贝"，女生该怎么对待家里的老人呢？要知道，和睦、温暖的家庭关系是一剂良药，有助于老人度过灰色的抑郁期。

✦ ✦ ✦ ✦ ✦ ✦ ✦ ✦ ✦ ✦ ✦ ✦ ✦ ✦ ✦ ✦ ✦ ✦

"笑笑，快穿上棉衣，我们去看外婆。"周六的早上，笑笑好不容易有点自由的时间，妈妈又开始喊了。

笑笑磨蹭着不肯动身，这时，爷爷从自己的房间走出来，说："笑笑，昨天说好要陪爷爷去书店，你要是说话不算数，爷爷以后再也不带你去玩啦！"

"我……"笑笑话还没说完，就听妈妈又在催了。

"刚才外婆打电话来，说一定要带上你，好久没见你了，外婆做了你最爱吃的韭黄馅饺子。"

"爷爷带你去吃汉堡，还是陪我去买书吧，现在的书店好大，爷爷一进去就头晕。"

笑笑的头都快炸了，喊道："好了，你们别说了，我哪儿都不去，就在家待着！"

爷爷看了妈妈一眼，说："瞧你，把孩子逼的，一天到晚就知道带她往外婆家跑！"

妈妈不好顶撞爷爷，只好推开门自己走了。

其实，这样的情景在笑笑家已不是第一次出现啦。

爷爷为什么不愿意让笑笑到外婆家去呢？

事情还得从笑笑小时候说起。奶奶去世得早，笑笑出生后，是外婆帮着带大的，所以，笑笑对外婆就更亲一些。

到笑笑上小学的时候，事情出现了变化。爷爷因为心脏不好，就搬过来和笑笑一家住在一起。听

着笑笑嘴边成天挂着外婆，爷爷开始吃醋啦。

为了"讨好"笑笑，爷爷给笑笑买来各种玩具和好吃的，还常常带笑笑去游乐场和动物园玩。

每次爷爷买来零食的时候，妈妈都会皱起眉头，她告诉爷爷："这些零食不健康，而且吃多了，孩子就不好好吃饭啦。"

可爷爷依然我行我素，他觉得妈妈是故意不让自己亲近笑笑才那样说的，于是反驳道："别人家的孩子不都在吃吗？也没见有什么不好啊！"

妈妈劝不住爷爷，只好悄悄地把爷爷买来的零食藏起来。

有一次，爷爷四处找不到零食，想要去问妈妈，正好妈妈在给外婆打电话："都说了好几次，不让

他给笑笑买零食，可他就是不听。放心，我把零食都藏起来了。"

爷爷一听，以为是外婆故意叫妈妈把零食藏起来的，所以，开始对外婆心存芥蒂。

之后，每次妈妈要带笑笑去外婆家，爷爷都要想办法阻拦。

在爷爷眼里，外婆就像一个可恶的老巫婆，不让笑笑和自己亲近！

妈妈走了没一会儿，笑笑突然收到一条短信。

笑笑一看，是妈妈发来的，妈妈在短信里说："我在楼下等你，你赶快下来，就告诉爷爷你去同学家做作业。"

嘿嘿，还是妈妈的主意多！笑笑收拾好书包，

悄悄下楼跟着妈妈去了外婆家。

很久没有见外婆了，她的头发又白了好多。

笑笑坐在外婆的身边，拉着外婆的胳膊，等外婆像往常一样轻轻抚摩自己的头发。

可是，外婆却推开了笑笑的手，说："你们来啦！"

"外婆，我好想您啊！"笑笑虽然感觉有点奇怪，但还是对外婆说了自己想说的话。

没想到外婆竟然冷冷地说："笑笑长大了！"然后，就起身回自己的房间去了。

看到外婆突然对自己很冷淡，笑笑只好去厨房帮妈妈包饺子。

"妈妈，外婆怎么了？"

笑笑的话刚说出口，妈妈的眼圈竟然红了，她低声对笑笑说："外婆……外婆她得了抑郁症！"

"什么？抑郁症！"笑笑不敢相信自己的耳朵，

"以前外婆不是挺开朗的吗？怎么会得抑郁症呢？"

妈妈说："可能是一个人待久了吧。自从去年外公去世后，外婆就一直一个人待着，不愿见人，几个要好的朋友叫她去广场上跳舞，她也不肯去。我们本来应该多陪陪外婆的，可是，工作总是很忙，抽不出时间，结果，她就成了现在的样子。"

"妈妈，我们得想想办法啊，这样下去可不行。"笑笑焦急地说。

"我问过大夫了，大夫说外婆的抑郁症只是轻度的，只要亲人好好陪着，多开导开导就会好起来的。"妈

翻来覆去
相视一笑
抑郁

妈说。

"不如把外婆接到我们家去吧，我们家人多，外婆就不会太孤单啦！"笑笑提议说。

"好是好，"妈妈说，"我也想过这么做，也和你爸爸商量过，只是，你爷爷那关，恐怕很难过呢！"

"这个好办，爷爷那边就交给我啦。"笑笑说。

从外婆家回来，笑笑就开始想办法做爷爷的工作啦。

"爷爷，我明天陪您去书店吧！"笑笑说。

"哼，你一整天连个人影都不见，还说陪我去买书呢！"看来爷爷还在生气呢！

"今天真的不好意思，明天我一定陪您去啊。"笑笑说，"不过，今天我在同学家见到一位奶奶，真的很可怜呢！"

"哦，怎么可怜啦？"爷爷好奇地问。

"那个奶奶得了抑郁症，都不和人说话，整天坐在窗户边发呆呢！"笑笑说。

爷爷叹口气说："人老了就是可怜啊，子女们整天忙工作，根本没时间陪老人。你也一样，就知道和同学玩，也不拿出时间来陪陪我！"

哈哈，听爷爷这么一说，笑笑乐开了花，看来，爷爷钻进了自己布置好的"陷阱"啦。

"谁说不是呢，那些子女太忙了，对老人太不尽心了。我爸我妈就是这样的人呢！"

"怎么能这么说你的爸爸妈妈呀，我可没怨过他们！"爷爷急忙说。

"没错，他们是陪着您呢，可是，他们不光有您一位老人啊！"笑笑说完就盯着爷爷看。

爷爷一下子就明白过来了，说："你这个鬼丫

头，说来说去是埋怨我呢，是不是因为早上我没让你去看外婆，还记恨我呢？"

"才不是呢，我没您那么小气！"

"你敢说爷爷小气，看我怎么收拾你。"爷爷假装生气地说。

"爷爷，我错了，"笑笑赶紧求饶，"不过，跟您说正经的，刚才我说的那位得了抑郁症的奶奶就

是我外婆，能不能让她搬到我们家住啊？"

爷爷一听，愣了一下，然后说："这个问你爸爸妈妈就好了，我做不了主。"

说完，爷爷就回自己的房间了。笑笑喊道："这么说您同意啦？"

爷爷的声音从房间里传来："我什么时候说不同意了啊？"

笑笑高兴地跳了起来，赶紧把好消息告诉了妈妈。

因为家里只有三间卧室，外婆搬过来后和笑笑住在了一起。整个晚上，笑笑都能听到外婆在床上翻来覆去的声音，看来外婆又失眠啦。

第二天，笑笑把这件事告诉了爷爷："外婆失眠了一夜呢。"

爷爷想了想说："我以前也总失眠，记得后来吃过一种药，效果很好呢，一会儿我就去找找看。"

　　不知道是药真的起了作用，还是大家的陪伴让外婆心情好了，很快，外婆的失眠情况就好转了。

　　爷爷像立了大功一样得意扬扬，得空的时候，他还会开导外婆几句："人老了，就别想那么多了，像我一样，下下棋，有个爱好，把身体养好，不给儿孙们添麻烦，就算帮到他们啦。"

　　笑笑听到后，和妈妈相视一笑，看来，这场奇怪的战争终于结束啦！

刷刷姐姐
有话说

做亲情的"润滑剂"

因为是独生子女，很多孩子都会遇到一个人面对四位老人的情况，爷爷奶奶、外婆外公，常常会加入对孩子的"争夺战"中。

为了老人争抢孩子的事，爸爸妈妈也没少受气，有的夫妻甚至为此离婚！

作为四位老人和爸爸妈妈关注的焦点，我们该怎么做呢？

你应该充当亲情的"润滑剂"。

1. 要坚决和你的爸爸妈妈站在一起

不要企图通过老人给爸爸妈妈施压，得到你想要的东西，达到你的目的，这样做，只会激化老人和爸爸妈妈之间的矛盾。爸爸妈妈的教育观念，通常会与老人们的旧观念有冲突，你要做的是，相信爸爸妈妈的决定，相信他们一定会为你创造一个健康快乐的成长环境。

2. 创造机会让两边的老人亲近

告诉你的爷爷奶奶，外公外婆对你有多疼爱；告诉你的外公外婆，爷爷奶奶为你付出过很多。创造一些家庭聚会的机会，让两边的老人多沟通、多交流，相信他们不但会在对待你的问题上达成一致，还会增进彼此间的感情。

3. 多拿出一点时间来关爱老人

不要认为老人的疼爱理所应当，你已经是一个大女孩了，要学会感恩，学会关爱老人，让他们感受到温暖。

中国目前已经进入老龄化社会，我们身边的老年人越来越多。

当你发现本来很和善、喜欢与人交往的爷爷奶奶，突然变得不爱说话、不愿出门；很爱干净的外公外婆突然邋遢起来，常为了一些小事和家人大吵大闹……这些都表明，他们很孤独。

孤独像一把刀，不但伤害着老人们，而且会割断我们和老人之间的亲情。

人老了之后很容易抑郁，因为年迈，老人会觉得无助、孤单，容易对自己和生活产生厌倦。这个时候，如果不能及时调节、排解，抑郁的老人很容易和家中的子女发生矛盾。

作为爷爷奶奶、外公外婆的"小宝贝"，女生该怎么对待家里的老人呢？要知道，和睦、温暖的家庭关系是一剂良药，有助于老人度过灰色的抑郁期。

刷刷姐姐教你对待老人需要用到的"三心"。

一是耐心。老人说一件事往往喜欢重复许多遍，一定不要流露出不耐烦的表情，更不能粗暴地打断或制止老人说话。如果老人整天沉默寡言、闷不吭声，就尽量抽些时间陪陪老人，用你的欢乐赶走他们的坏情绪。

二是细心。在生活上要多帮助老人。老人夜里经常起床上厕所，很多老人都有准备便盆的习惯，女生千万不要嫌弃和厌恶；老人的视力不太好，房间内光线要明亮一些；平时注意不要把水洒在地上，防止老人滑倒；帮手脚不灵便的老人洗澡、洗头、换衣服，改善他们的精神面貌；多陪老人去公园走走，参加社区活动；放学路上还可以帮老人买一些报刊和书籍，让他们通过阅读消磨时光。

三是虚心。如果遇到有什么事需要老人帮忙，一定要虚心求教，说话时要客气、有礼貌，尽量用商量的语气跟老人说话。

女生小攻略

应对老人的小妙招

老人需要特殊对待，下面的妙招你可要认真学习哦。

1. 老人不吃药

先找出老人不吃药的原因：是因为药苦难以下咽，还是因为长期吃药厌烦了？找到原因后，再慢慢哄老人吃药。记住了，是哄！

2. 老人头晕

如果是休息不好或是感冒引起的头晕，可以用风油精或清凉油替老人涂抹"太阳穴""人中穴"，并用大拇指按压老人手腕内侧的"内关穴"；如果是低血糖引起的头晕，马上冲杯葡萄糖水给老人喝，再让老人慢慢吃一点易消化的食物；如果是房子或天气闷热导致的头晕，要先通风，再给老人搽药油……

3. 老人跌倒

千万不能马上把老人扶起来！要问一下老人有没有受伤，检查过确实没有骨折后再小心把老人扶起。一般的表皮外伤，用淡盐水或酒精消毒后抹点外用药就行了。若发生了骨折就不要搬动老人，尽快打电话求救。

4. 老人哭了

老人会和小孩一样发脾气，如果他们哭了，不要感到奇怪，要弄清老人为何事伤心，然后再慢慢耐心开导。

5. 老人不吃饭

弄清楚老人不想吃饭的原因：是因为胃口不好，还是饭菜不合口味？或者是有什么心事？弄清楚原因后，再哄老人慢慢吃。不要强求老人一顿饭吃多少，能吃几口是几口。

6. 老人抑郁了

先了解老人的"心结"和"死穴"，然后多花点时间去陪他们聊天，陪他们散步，用爱心、关心让他们感受到温暖。

8

老爸的女同事

爸爸妈妈都是成年人啦，要相信他们有能力解决自己的问题。你要做的是管好自己，搞好学习，健康成长。

❀ ❀ ❀ ❀ ❀ ❀ ❀ ❀ ❀ ❀ ❀ ❀ ❀ ❀

　　小蝶和睦幸福的家庭，就要被一条神秘的短信断送啦！

　　那天，小蝶和往常一样回家，一进门就看见爸爸在屋里走来走去。

　　"爸，您怎么啦？"小蝶好奇地问。

　　"哎呀，爸爸晚上有一个很重要的应酬，可是下午手机突然开不了机，我以为是没电了，就赶回家充电，可是充了半天也没有反应，可能是手机坏了，客户的电话都在手机卡里呢。这可怎么办啊？"爸爸焦急地说。

　　"嗯，"小蝶一想，"您干脆用我的好了，把您的手机卡装进我的手机里就好啦。不过，我的手机比较原始，只能打电话和发短信哦！"

　　爸爸一拍脑门，说："还是小蝶聪明！没关系，我就打几个电话，别的也用不着。"说完，就拿出电话卡换上了。

第二天放学回家，小蝶发现自己的手机放在桌子上，一定是爸爸的手机修好了，就把小蝶的手机还回来啦。

装好自己的卡后，小蝶随手一翻，竟然发现了一条奇怪的短信，内容是："最近怎么样？ 好久不聊天了，我有时感觉很寂寞，有空回条短信，咱们聊聊吧。"

会是谁发来的短信呢？看看号码，是一串陌生的数字，肯定不是自己的同学和朋友，那会是谁发的呢？好奇怪的短信啊！

小蝶想了半天，忽然想到，自己的手机昨天借给爸

爸用了，说不定这条短信是发给爸爸的，虽然爸爸把卡拿回去了，但里面的短信没有删掉。

这个想法着实让小蝶惊出一身冷汗，要真是爸爸的短信，那问题可就严重了，会是谁发给爸爸的短信呢？看样子，关系肯定不一般！

小蝶赶紧给爸爸拨了一个电话，想试探一下短信是不是发给爸爸的。

"爸，您在哪儿呢？手机我看到了，您怎么还不回家啊？"

"哦，我在路上呢，和一个同事聊了会儿天，回来迟了，马上就到家啊！"爸爸在电话里说。

什么？爸爸真的和人聊天去了呀！

小蝶的心里更紧张啦。

等爸爸回来，小蝶赶紧问道："您和谁聊天呢，这么晚才回来？"

"我们单位的会计，聊了一会儿财务上的事。"

爸爸轻描淡写地说。

一听是会计，小蝶的心彻底凉了，上回去爸爸单位的时候，她见过那个姓丁的会计，身材可苗条了，长得也很漂亮！这下惨啦，如果爸爸真的和丁会计有什么，这个家的暴风雨就要来啦。

小蝶一整夜都没睡好，思考着到底要不要把这件事告诉妈妈。

第二天，小蝶还是把这件事先告诉了自己的好朋友真真。

真真听说这事，非常忧虑地对小蝶说："千万不能告诉你妈妈，要是让你妈妈知道了，肯定会和你爸爸离婚的，到那时，你就惨了。"

真真的爸爸妈妈就是因为这种事离婚的，所以，真真一听小蝶说起短信的事就非常敏感。

"那我该怎么办啊？"小蝶焦急地说。

"想办法把那个女人赶走！"真真说，"找那个

女人谈一谈，告诉她你的家庭有多幸福，不要让她得逞。"

听了真真的话，小蝶心里矛盾极了，找那个女人谈，自己没有勇气，如果什么都不做，恐怕自己就会和真真一样……

正在小蝶为难的时候，爸爸突然有了新的动向：

"我们单位下周要组织去三峡旅游呢！"

"什么，去旅游？丁会计也去吗？"一听说爸爸的单位要去旅游，小蝶马上想到了丁会计。

"对呀，所有人都去！"爸爸说。

难道爸爸是借着旅游的名义单独和丁会计出去？不行，一定不能让他们得逞。小蝶装出很想去的样子说："爸爸，带我去吧，三峡是我最想去的地方呢。"

"你不是要上学吗？"爸爸果然不同意。

"下周正好是五一假期，时间绝对够，我保证不会耽误作业。"小蝶说。

"这……"爸爸想了一会儿说，"好吧，那我和单位的人说说。"

哈哈，第一步总算成功了，小蝶心想，自己这次去了，一来爸爸和丁会计就不可能单独在一起了，二来也好找机会和丁会计谈谈。

断送 监视 怒火

让小蝶充满焦虑的三峡之旅开始啦。一看见穿得花枝招展的丁会计，小蝶心里就有一股无名的怒火，只是不好在爸爸单位的人面前发作。

"这是小蝶吧，长得越来越漂亮了！"丁会计竟然坐到了小蝶身边。

丁会计从包里拿出一瓶矿泉水，递给小蝶，说："路上多喝点水啊！"

"不用了，我妈妈早给我准备好了，妈妈说外面的水不干净！"小蝶故意把"妈妈"两个字说得重重的，可是，丁会计脸上竟然一点反应都没有。

一路上，小蝶都在监视着丁会计，奇怪的是，她很少和爸爸说话，两个人打照面的时候，也没有发现什么异常。

不行，一定得想办法打探清楚，不然这次就白来了。

一次休息的时候，小蝶主动凑到丁会计身边，说道："您瞧，我爸虽然是四十出头的人了，身体还这么棒呢！"

丁会计说："说明你爸爸保养得好啊！"

"您觉得我爸爸这人怎么样？"小蝶继续问道。

丁会计回过头来，奇怪地看着小蝶说："怎么，你要给你爸爸介绍对象啊！"说完就哈哈大笑起来。

小蝶完全被笑蒙了，这个丁会计，葫芦里究竟卖的什么药啊？

无奈，小蝶只好使出最后一招，她对丁会计说："丁阿姨，能把您的电话号码告诉我吗？我爸爸的手机要是没电了，万一我们走散，我也好给您打电话。"

丁会计二话不说，就把号码告诉了小蝶。

拿到号码后，小蝶赶紧和那个发神秘短信的号码进行核对，奇怪的是，两个号码根本对不上！

难道发短信的人根本就不是丁会计？

这天晚上，小蝶和丁会计住到了一个房间，小蝶翻来覆去地睡不着。

突然，丁会计的手机响了一下，接着，就听丁会计说："现在的聊天公司可真讨厌，半夜三更地还发这种短信！"

小蝶好奇地问："丁阿姨，什么短信，能给我看看吗？"

"垃圾短信，一个聊天公司发的，你瞧，这样

的短信，多亏我没结婚，不然还不叫人误会呀！"丁会计一边把手机递过来，一边说。

看完短信，小蝶的心里一下子轻松了，竟然和自己手机上的短信一模一样呢！

小蝶心想，幸亏当初没告诉妈妈，要不然，自己可就亲手断送幸福的家庭啦！

刷刷姐姐
有话说

发现父母的秘密之后

经常有女生告诉刷刷姐姐，她发现了父母的秘密。

有个女生说，一个月前，她看到爸爸和另一位阿姨一起逛街。她很想和爸爸谈谈，却不知道怎么开口，心里也有些害怕。妈妈对此事一无所知，还是像以前一样对爸爸好。她不敢告诉妈妈，怕妈妈难过，更怕妈妈和爸爸离婚。

发生这样的事情真的让人难过，如果我们很不幸地遇到了，应该怎么办呢？

刷刷姐姐先告诉你一条原则：爸爸的秘密你最好不要介入，因为你没有解决这类问题的能力。

你的莽撞行为，搞不好会让爸爸妈妈的关系迅速恶化，也许爸爸只是在街上偶然碰到了自己的女同事或女同学，事情并不是你想的那样，把自己的臆测告诉妈妈，只会让妈妈怀疑，让父母关系恶化。

爸爸妈妈都是成年人啦，要相信他们有能力解决自己的问题。你要做的是管好自己，搞好学习，健康成长，把全部心思放在学业上，为你的人生全力奋斗。

那么，要不要把父母其中一方的秘密告诉另一方呢？

首先，要看是什么样的秘密。如果爸爸最近在戒烟，你发现爸爸背着妈妈偷偷吸烟，这个秘密完全可以告诉妈妈。大家共同监督，才能让爸爸尽快戒烟。

其次，你看到的未必就是真相。就像前面的故事说的那样，女生看到了爸爸和别的阿姨一起逛街，但她并不知道他们真正的关系和相遇的细节，她所看到的只是表象。告诉妈妈只能让妈妈伤心气愤。

最后，先假装不知道，冷静一段时间再说。大人们有他们的智慧，懂得如何处理自己的私生活，你贸然揭穿其中一方的

秘密，不但会让你和父母的关系变得尴尬，还有可能伤害到另一方。为减少彼此的尴尬，父母会有意识地减少和你在一起的时间，这样肯定会影响你们的感情。

当你无法预知一件事的后果时，最好的办法就是保持沉默。

如果沉默让你觉得背叛了其中一方，那你就花点时间好好关心一下他。听他的话，学好功课，帮他做点家务，多陪他聊聊天，让他感受到你的温暖。

另外，你可以多创造一些全家人在一起的机会，拉着爸爸多陪伴你和妈妈，一起感受和睦的家庭所带来的温暖和快乐。

女生小攻略

应对父母吵架的方法

　　每个人都会有秘密，作为女儿，在发现父母的"秘密"以后，一定不要盲目冲动，而要冷静理智地对待父母的"秘密"。不要让你的小小"发现"，变成家庭矛盾的导火索。女儿应该是爸爸妈妈感情的润滑剂，而不是他们矛盾的催化剂。如果爸爸妈妈因为一些小事发生了争吵，作为女儿，我们该怎么办呢？

　　这个时候，你千万不要因为家里的火药味而害怕，用你的智慧，冷静地帮爸爸妈妈救火，这才是一个优秀女生的表现。

1. 不要对吵架大惊小怪

生活是琐碎的，有时会让人感觉厌烦，爸爸妈妈整天生活在一起，摩擦是不可避免的，甚至是必不可少的，夫妻吵架很正常。其实，吵架也是父母之间沟通的一种方式，所以，千万不要对父母的吵架大惊小怪。

2. 给爸爸妈妈处理事情的空间

父母小打小闹时，你可以选择视而不见，听而不闻。吵闹自会停止，矛盾自会解决，这是处理父母吵架最基本也是最简单的方法。记住：给父母一些处理自己事情的空间，矛盾一般会很快解决。

3. 插几句调节气氛的话

如果父母吵得并不激烈，类似辩论的样子，你可以插上几句话来调节气氛，但要记住，言多必失，过犹不及，一定不要多说。说的时候要保持中立，千万不要有所偏袒，否则可能会激化矛盾。

4. 站在真理一边

如果父母非要你表明自己的立场，一定要站在真理一边，不要偏袒某一方。比如在做家务的问题上，父母可能会经常发生争吵，面对这种吵架时，你应该明确自己的立场，即每个人都有做家务的义务。

9

爱心小"间谍"

我们都有变老的一天，因此，我们要用心去体会老人们的感受，用心去关爱他们。

妞妞又和妈妈吵架啦！一气之下，她转身跑出门外。

走了很长时间，路过一家小面馆，香喷喷的味道扑面而来，妞妞这才感觉到肚子饿了。可是，她摸遍了身上的口袋，除了公交卡，连一个硬币也没有。

怎么办呢？妞妞最先想到了奶奶，于是，她坐车去了奶奶家。

一进门，奶奶看见妞妞哭红的眼，就大概知道怎么回事了，说道："还没吃饭吧！"

妞妞点点头，奶奶微笑着说："那你等会儿，我去做。"

很快，奶奶端来一碗面条和一碟小菜。妞妞刚吃了几口，眼泪又掉下来，纷纷落在碗里。

"你怎么了？"奶奶关切地问。

"我没事，这个世上只有奶奶对我最好。"妞妞一边擦着眼泪，一边对奶奶说，"每次和妈妈吵架，都到您这里来吃饭，您对我真好。可是我妈妈——我真怀疑自己是捡回来的，一吵架就把我赶出来，还叫我不要回去！"

奶奶听了，平静地说："妞妞，这就是你的不对啦。你想想看，我才给你做过几顿饭啊，你妈妈为你做了十几年的饭，你不但不感激，还总跟她吵架！"

奶奶的话一说完，妞妞就愣住了。

奶奶接着说："赶

紧吃吧，我这就给你妈妈打电话，这会儿她一定四处找你呢……"

正说着，电话铃声响了起来，是妈妈打来的，奶奶在电话里报了妞妞的平安，这才安心地坐下来。

妞妞仔细打量着奶奶，心想，多好的奶奶呀，虽然妈妈不在跟前，但每次她都替妈妈说话呢。

妞妞突然问："奶奶，您为什么不和我们一起住啊？下次我再和妈妈吵架的时候，您也能调解一下啊！"

奶奶说："人老了，毛病多，睡眠少，怕吵得你们休息不好，我还是一个人住吧。"

第二天晚上，妞妞回到家，想起奶奶说的话，很快就原谅妈妈了。

吃完饭，妞妞对爸爸说："爸爸，我们为什么不把奶奶接到家里来一起生活呢？她一个人过，多寂寞呀！"

爸爸笑着说："以前我和你姑姑都曾提过，可是，你奶奶不想打扰子女们的生活，也觉得子女家不是自己家，住着不自在，坚决不同意。"

妞妞说："我看奶奶一个人过好可怜的，我们还是想想办法吧！"

"妞妞怎么一下子变得这么孝顺啦？"妈妈说，"不如你有空多去看看奶奶。"

"嗯，没错，你就当我们派到奶奶身边的'小情报员'，要及时把奶奶的情况汇报给我们哦。"爸爸幽默地说。

孝顺 寂寞 幽默

你别说，"小情报员"的效率还真高呢，一周后就带来了很重要的情报。

"奶奶昨天和我聊起了她的朋友参加老年合唱团的事，奶奶好像很感兴趣呢！"

妈妈听妞妞说完，笑着说道："看来你奶奶对参加合唱团有兴趣呢，让你爸爸打听下这个合唱团，你继续探听奶奶的想法啊！"

妞妞兴奋地朝妈妈敬了个礼，说："没问题，保证完成任务！"

周六下午，妞妞陪着奶奶去买菜，路上正好碰到了奶奶想参加的那个合唱团的朋友。

奶奶和她的朋友说了好一会儿

话，聊着聊着就说到合唱团的各种活动上。而妞妞也从奶奶的眼神中，看出奶奶对合唱团的兴趣。

妞妞以最快的速度，把这个情报告诉了爸爸妈妈。

爸爸高兴地说："我已经打听过了，那个合唱团都是和奶奶年龄差不多的团员，还常常组织各种活动，有时还会集体去外地表演。"

妈妈说："那要不要先和合唱团联系一下？"

爸爸摇摇手，说："不要着急，还是让奶奶自己主动提出来。不过，妞妞可以发挥大作用呢，适当的时候你要给奶奶'扇扇风'啊！"

妞妞点点头，说："好啊，我最擅长的就是鼓励和宣传了，不然，宣传委员就白当啦。"

机会总算来了，一次，妞妞帮奶奶做油饼，奶奶再次说起了

合唱团的事。

　　"奶奶，您也可以参加合唱团，和朋友们一起活动，总一个人在家待着多没意思啊！"妞妞说。

　　"奶奶也不会唱几首歌，"奶奶边和面边说，"而且年龄也这么大了，人家合唱团哪里会收我呀！"

　　妞妞一听，奶奶内心还是想参加的，就说："我觉得上次我们买菜时遇到的那位奶奶就很想找您入团呢！"

　　奶奶叹口气说："我不像年轻人，学什么都学得快，我这么大年纪学新东西，搞不好是要闹笑话的。"

　　"奶奶，您就别犹豫啦，我们全家都支持您！"妞妞说，"不如请您那位在合唱团的朋友来家里吃

饭吧！"

　　"好吧，我打电话问问她。"奶奶说完，就去打电话了。

　　看着奶奶的背影，妞妞露出了笑容，哈哈，看来，奶奶很快就能交到更多朋友啦！

刷刷姐姐
有话说

别让他们成为"空巢老人"

我们正面临一个非常严重的问题——"空巢老人"问题。什么是"空巢老人"呢？就是那些子女不在身边的老年人，他们缺少关爱，生活寂寞，儿孙都长时间不回家，家如同空巢一般，令人心酸。

很多"空巢老人"在心理上存在不同程度的焦虑、不安、孤独、失落、抑郁等。与肉体上的病痛相比，缺乏精神慰藉对许多"空巢老人"来说是一种更大的伤害。

"夕阳无限好，只是近黄昏。"这是对老年人的真实写照。我们是很难体会那已近暮年的孤独和悲凉的。老年人，那抹孤寂而祥和的夕阳，需要我们给予更多的关爱。

当你忙于学习、游戏、玩耍时，你会想到孤独的爷爷奶奶等着我们回家看看的那份期盼吗？哪怕只是一个电话、一个问候都会让老人感到一丝温暖。

刷刷姐姐家里也有这样的老人，自从爷爷去世后，奶奶就一个人住。儿女们去看奶奶的时间越来越少，有时想起来就打个电话问问老人的情况，仅此而已。每次提到要去看看她老人家，奶奶总是说，你们工作太忙，我挺好的，不用来。大家也认为老人只要身体好，生活就会快乐。可是老人嘴上说不用来看，其实心里是多么希望儿女们能常回家看看，回家吃顿饭，哪怕是回来陪他们聊聊天呀。

由于父母工作忙，很多女生都是老人们一手带大的，从出生到上幼儿园，再到上小学，没离开过爷爷奶奶或外公外婆的身边，现在你们长大了，又有多少人能做到常回家看看他们呢？

我们都有变老的一天，因此，我们要用心去体会老年人的感受，用心去关爱他们。尽管老年人已近"黄昏"，我们也要让他们的生活"无限好"。

关爱老人，首先要了解他们的特点。针对几种不同心理类型的老人，刷刷姐姐为女生们准备了和他们相处的秘诀。

类型一：防御拘谨型

特点和表现：这样的老人心中会感到空虚和寂寞，他们会让自己投入各种繁忙的活动中，把日程安排得满满的，以求暂时忘掉年龄和孤单。

相处之道：不要简单否定他们"积极向上"的态度，同时，尽量分散他们的注意力，给他们提供放松的机会，让他们逐渐摆脱忙碌状态。

类型二：安详懒散型

特点和表现：安于现状、容易满足，他们喜欢从周围的人那里得到安慰，做事情的原则是不求有功，但求无过。另外，他们对周围的事情不是非常关心，只是热衷于

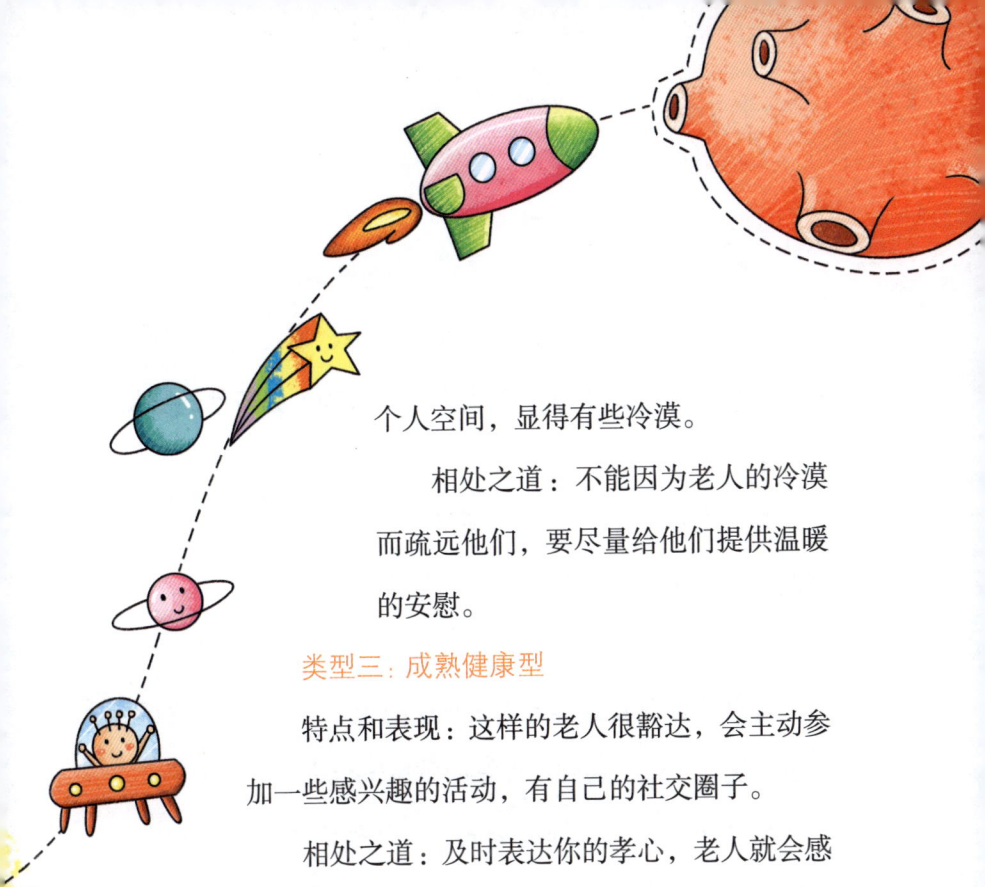

个人空间，显得有些冷漠。

相处之道：不能因为老人的冷漠而疏远他们，要尽量给他们提供温暖的安慰。

类型三：成熟健康型

特点和表现：这样的老人很豁达，会主动参加一些感兴趣的活动，有自己的社交圈子。

相处之道：及时表达你的孝心，老人就会感到很愉快啦。

类型四：自责忧郁型

特点和表现：这样的老人总有怨气和不满，对一切事物都持悲观态度，对各种活动也没有兴趣。

相处之道：这类老人缺乏信心，最需要热情的鼓励，千万不要怕麻烦，没有耐心，敷衍塞责。他们大多比较敏感，也许不经意的一句话就会让他们很沮丧呢。

类型五：愤怒攻击型

特点和表现：这样的老人性格粗鲁、唯我独尊，他们总喜欢发号施令，喜欢支配别人，要求别人无条件地服从自己。

相处之道：不要和老人硬碰硬，可以暂避锋芒，做一些其他的事来消除老人的怒气，事后再沟通。

类型六：幼稚依赖型

特点和表现：这类老人很喜欢向晚辈"撒娇"，说话、办事充满孩子气，遇到不如意的事情还会赌气。

相处之道：对这样的老人，要帮他们扩大生活圈子，当生活丰富起来后，他们的依赖性就会降低，也会渐渐变得自得其乐。

女生小攻略

关爱老人的小妙招

老人需要特殊的关爱，女生需要学习一些关爱老人的妙招，把更多的爱带给老人。

1. 尊重老人，诚实不欺；

2. 耐心倾听，耐心沟通；

3. 陪老人一起散步、做运动，或与他们共同从事一项活动等；

4. 从老人感兴趣的话题切入，与老人多进行交流；

5. 站在老人的立场，考虑他们的感受；

6. 有事要离开时，明白地告知老人，并适当说明情况；

7. 不要和老人争辩。

刷刷

中国作家协会会员，儿童文学作家，江苏省优秀校外辅导员，江苏省十大优秀科普作家之一。主要作品有《向日葵中队》《幸福列车》《八十一棵许愿树》《星光少年》等。作品入选"优秀儿童文学出版工程"、"向全国青少年推荐的百种优秀图书"、"中国好书"月度好书等，曾获江苏省精神文明建设"五个一工程"奖、桂冠童书奖等。有多部作品被改编为儿童广播剧、儿童音乐舞台剧、儿童电影、百集儿童校园短剧等。